読書をお金に換える技術

READING BOOKS

千田琢哉 TAKUYA SENDA

ぱる出版

カバーデザイン◎冨澤崇（EBranch）
本文デザイン◎松好那名（matt'swork）

稼ぐためだけの読書があってもいい。

プロローグ　稼ぐためだけの読書があってもいい。

「教養人になんてなれなくてもいいので、お金を稼げる本の読み方を教えてください」

「まず自分がお金持ちにならないと、世のため人のためなんてちゃんちゃらおかしいと思います」

ここ最近、こんなメールが私のパソコンに頻繁《ひんぱん》に届くようになった。

届いたメールをすべて丹念に読んでみると、いずれも送信者の本気がビンビン伝わってきた。

年収がどんどん下がって本当に深刻に悩んでいる人が増えている。

まだ若くして子会社出向やリストラされる人が増えている。

せっかく念願の独立を果たしたのに、がんばろうにも具体的に何をがんばればいいのかわからない人が増えている。

だから冒頭の質問に私も本気で応えようと思った。


私の本はすべて読者の日々の質問に返事をするつもりで書いている。

今回は綺麗事を抜きにして、ひたすら稼ぐためだけの読書について本音をぶちまけたいと思った。


私自身の過去を振り返ってみると、サラリーマン時代から現在に至るまで継続的に稼ぐことができたのは本のおかげだった。

学生時代に貪《むさぼ》り読んだ「中村天風」「安岡正篤」「松下幸之助」の本の話を経営者たちにするだけで、新入社員の頃から打ち解けることができて、その結果仕事をもらえた。

千数百円の単行本がきっかけで、トータルで数億円もの大型プロジェクトを受注できる流れを創れたこともあった。

わずか740円の新書がきっかけで、約1000万円の税金が戻ってきたこともあった。

今こうして本を書いて生きていられるのも、これまで膨大な本を読んできたおかげだ。
ちゃんと思い出せばきりがないくらい、私は本のおかげでお金を稼がせてもらった。
改めて私は本に深く感謝しなければならないと思う。

「お金はあとからついてくる」
「お金の前に、まず人格を磨くことが大切だ」

こうした正論は、本書では一切述べていない。
さあ、これから稼ぐことにとことんこだわった読書を伝授しよう。

２０１５年３月吉日

南青山の書斎から　千田琢哉

読書をお金に換える技術

もくじ

NO. 1

つべこべ言わず、まずベストセラーを買え。

「どんな本がおススメですか」

「何から読んだらいいですか」

そんな質問をする人があとを絶たないが、人に質問してもたもたしている暇があれば、まずベストセラーを買ってみることだ。

本の買い方からしてすでに稼ぐための勝負は始まっているのだ。

稼ぐために一番の大敵はもたもたすることだ。

お金はもたもたする人間が大嫌いなのだ。

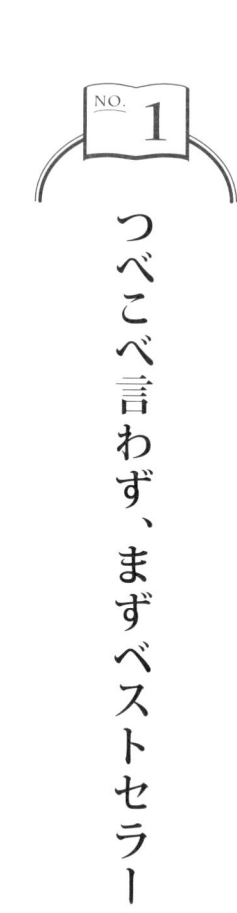

あなたの周囲でバリバリ仕事ができる成功者がいれば、もたもたしている人なんていないはずだ。

もたもたすると周囲にいる成功者から嫌悪感を抱かれる。

せっかく偶然通りかかった成功者が手を差し伸べようとしても、要注意人物とみなされて金輪際チャンスをもらえなくなる。

つまり成功者から応援して引っ張り上げてもらえなくなるから、いつまで経っても貧乏のままだということだ。


何かを教わろうと思ったら、まず行動を起こすことだ。


書店に行けば「ベストセラーコーナー」が必ずあるから、そこで少しでもピン！ ときた本を買って読むことだ。

インターネット書店も売上ランキングが表示されるから、ベスト100位以内でピン！ ときた本をすべて注文してみることだ。

ベストセラーは概《がい》して読みやすいし、様々な部分が洗練されている。

仮に読まなくても、傍に置いておくだけで売れている商品の空気を感じることができる。

本に限らないが、常に一流品やベストセラーに触れておくと、二流品やハズレ商品に触れた瞬間気持ちが悪くなる。

まずは一流品やベストセラーに馴染むことが稼ぐことへのスタートなのだ。

周囲の目なんて気にしていないで、堂々とミーハーを極めればいい。

稼ぐ読書家の金言
NO. 1

お金はもたもたする人間が大嫌い。

NO. 2

〝ベストセラーもどき〟からも学ぶことはたくさんある。

何を買っていいのかわからないうちは、とりあえずベストセラーを買っておけという話はすでに述べた。

ここではもう一歩突っ込んだ話をしたい。

多くの人が気づいているとは思うが、リアル書店もインターネット書店も売上を操作することが可能だ。

たとえばリアル書店では発売前に出版社と書店員が打ち合わせをする。

その際に出版社が「著者が300冊買い取ると言っているから、店内の一等地に1週間だけ大量に陳列してください」とお願いしたとする。

ここ最近は本がどんどん売れなくなっているから、喜んで協力してくれる書店もある。

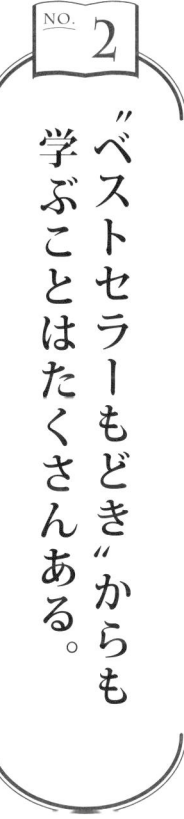

1店舗で300冊も売れるなんていうことは、驚異のベストセラーでもない限りあり得ないほど〝美味しい〟話なのだ。

実際に売上伝票上は300冊売れたわけだから、週間売上ランキング、月間売上ランキングともに1位を獲得することになるだろう。


ところがいくら大量に並べても売れない本はやっぱり売れない。

大量に並べたことによって売れる本もあるが、大量に並べても売れない本もある。

大量に並べなければ無名著者にとって売れるチャンスすら与えられないことを考えると、売る側にとってはあながち間違った戦略でもないのだが。


インターネット書店も基本的なカラクリは同じだ。

インターネット書店は場を提供しているだけで直接打ち合わせに参加するわけではないが、発売前に出版社と著者が綿密な打ち合わせをする。

期間を決めてその間に購入してもらった人に対して、未公開原稿（実質はボツ原稿）や音声のダウンロードなどの特典をプレゼントすることによって、売上の最大瞬間風速を極限まで高めようとするのだ。

場合によっては、何冊も購入してくれた人に対してはさらに特典を上乗せする。

これを〝キャンペーン〟と呼ぶが、出版社と著者のブログ、メルマガ、Twitter、Facebook、その他ありとあらゆるコネを使って告知しまくる。

時期やタイミングにもよるがたいてい1日で200冊～300冊注文があれば、楽々ベスト10入りすることになる。

もちろんこれをきっかけに本当に売れ始めれば、出版社も著者も大成功というわけだ。

リアル書店同様に売る側にとってはすこぶる正しい戦略だ。

だが現実は厳しく、多くの場合は著者の自腹購入や、友人知人、親戚縁者、自社の社員たちといった身内の協力で数十冊～数百冊売り上げて終わり、肝心の一般の人々にはまったく売れないという切ない結果で幕を閉じる。

特に最近は消費者の目も肥えてきて、著者プロフィールや出版社の信頼度、タイトルを含む表紙の完成度から見事に〝ベストセラーもどき〟が炙《あぶ》り出されるようになった。

以上は、出版業界を多少知る人であればいずれも当たり前の話ばかりだ。

だが私が日常で接している出版業界の外にいる人たちにとっては、本物のベストセラーと〝ベストセラーもどき〟の違いがちゃんとわかる人は少ない。

ここで私は〝ベストセラーもどき〟の撲滅《ぼくめつ》運動をしたいのではない。

逆だ。

これを機に〝ベストセラーもどき〟の仕組みを知って、あなたも自分の仕事に活かせる部分は活かすことだ。

生々しく、人間臭いビジネスの本音の部分を、批判するのではなく正面から感じるのだ。

ここが大切なところだが、〝ベストセラーもどき〟が本物のベストセラーに育つこともある。

誰だって成功する前は〝もどき〟のはずだ。

リアル書店やネット書店で〝ベストセラーもどき〟を見つけてこっそり応援したく

なったら、しばらくその著者の定点観測をしてみると面白い。
もしその著者がその後ブレイクしたら、まるで株価が急上昇したような喜びを味わえる。

あなた同様に、誰もが必死に成功するために渾身《こんしん》の知恵を絞っているのだ。

稼ぐ読書家の金言

NO. 2

出版業界の販売戦略を見きわめて学ぶ。

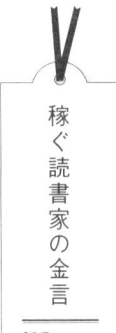

NO. 3

自分と相性のいい作家と出逢ったら勝ち。

人生では自分と相性のいい作家と出逢ったら勝ちだ。

相性のいい作家は恋愛と同じで直感でわかる。

最初に出逢った作家がたまたま好きになるかもしれない。

膨大な数を読んでいくうちに、好きな作家に出逢うこともあるかもしれない。

出逢いのきっかけなんて人それぞれだからたいして重要ではない。

「あ、この作家、好きかも……」

これだけで十分だ。

言葉で説明するのが安っぽくなるくらいに、好きな作家の言葉は自然にスーッとあなたの体の中に入り込んでくる。
その作家の本を読むだけで生命力が漲《みなぎ》ってくる。
その作家の本を読むだけでどんなに凹んでいても復活できる。
その作家の本を読むだけで毎日が楽しくなってくる。

これからあなたは稼ぐ人生を選ぶわけだ。
稼ぐ人生を目指すと、稼がない人生で安穏《あんのん》と生きるよりも多くの壁にぶつかる。
しかもその壁はどれも分厚い。
そのたびに好きな作家の言葉のシャワーがあなたを支えてくれる。
好きな作家の言葉があなたの耳元で囁《ささや》かれる。
好きな作家だったらこの窮地《きゅうち》をどのように乗り越えるだろうかと想像できる。
こんなに心強い応援団は他にいないはずだ。

稼ぐ読書家の金言
NO. 3

大好きな作家の言葉があなたを支える。

NO. 4

流行に関係なく、好きなジャンルをとことん掘り下げろ。

出版業界は流行に大きく左右される。
それはビジネスだからやむを得ない。
やむを得ないというより、ビジネスとしてひたすら正しい。

ところがあなたまで一緒になって自分に嘘をついて流行を追いかける必要はない。
流行は追いかけなければならない義務ではなく、追いかけたい人だけが追いかければいい権利なのだ。

流行など無視してひたすら自分が好きなジャンルに没頭していると、自ずと掘り下げたくなるものだ。

そして深く掘り下げるためには、好きなジャンル以外の勉強もしなければならないことに気づかされる。

世の中のすべては、根っこの部分で繋がっているからだ。

あなたの子ども時代を思い出してみよう。

砂場でより深い穴を掘ろうと思ったら、同時に穴の直径を拡げなければならなかったはずだ。

同様に何か一つの分野を深く掘り下げるためには、他の分野も学んで視野を拡げなければならないのだ。

筋トレを深く掘り下げていくと、必ず栄養学、生物学、化学、医学の壁にぶつかる。

だから本格的に筋トレを極めようと思えば、様々な本を読まざるを得ない。

機械式時計を深く掘り下げていくと、必ず地理、歴史、天文学、数学、機械工学、材料工学の壁にぶつかる。

だから本格的に機械式時計を勉強しようと思えば、様々な本を読まざるを得ない。

好きなジャンルを掘り下げていく作業には、永遠に終わりはないのだ。

そして様々な本を貪り読んでいくプロセスにおいて、自然に流行にもぶつかる。

否、真剣に掘り下げていくと、流行を先取りできるようになる。

たとえば筋トレの世界では、今から20年前には海外の雑誌で〝メタボリックシンドローム〟なる単語が頻繁に登場していた。

日本でも〝メタボ〟という言葉を聞くようになったときに、私は「懐かしいな」としみじみと感じたものだ。

機械式時計を勉強していると、「ドイツが元気だな」「二極化が一層進んでいるな」「円安でまた値上げだな」といった世界情勢も肌で感じられるようになる。

あなたにも大好きなことがあるはずだ。

大好きなことをとことん勉強していくと、流行のほうがあとから追いかけてくるのだ。

稼ぐ読書家の金言
NO. 4

世の中のすべては、根っこの部分で繋がっている。

NO. 5

「ビジネス書・自己啓発書ばかり読んでいるとバカになる」は、嘘。

これまであなたはこんなことを言われたことはないだろうか。

「ビジネス書とか自己啓発書ばかり読んでいるとバカになるよ」

その人が知的かと言えば、決してそんなことはなかったはずだ。

ここだけの話、むしろバカだったのではないだろうか。


もう少しまともな批判になると、ビジネス書や自己啓発書に使われているボキャブラリーが少ないと主張する人もいる。

だがこの批判も気にしなくていい。

ボキャブラリーが少ないと主張する人は、そもそも自分がボキャブラリーが少ない本しか読んでいないだけなのだ。

ビジネス書や自己啓発書の中にも、豊富なボキャブラリーの本がいくらでもある。加えてあくまでも稼ぐ読書ということであれば、豊富なボキャブラリーよりも人とお金が集まってくるセンスを身につけるほうが遥かに大切だ。

たとえばテレビのCMや新聞広告のコピーを思い出してもらいたい。難しいボキャブラリーなんてまったく使われていないし、厳密にいえば日本語としてややおかしいものもある。

それにもかかわらず、シンプルなコピーには人とお金が殺到する。

ビジネス書や自己啓発書で卓越したコピーとは、タイトルや見出しなどが該当する。タイトルや見出しが優れたコピーになっていなければ、ベストセラーにならないどころかそもそも誰の手にも取ってもらえないのだ。

商業出版の難易度は相当高いから、そもそも書店に並べてもらえるだけでも気の遠くなるような競争を勝ち抜いてきた結果だ。

1冊の本を世に出すためには数多くのプロたちが関わっており、稼ぐために厳選された言葉が本に詰まっている。

断言してもいいが、稼ぎたければビジネス書や自己啓発書を読むのが一番の近道だ。たいていは歴史や哲学の豆知識なども頻繁に登場するから、頭も良くなるのは間違いない。

ちゃんと勉強すれば見えてくるが、自己啓発書には哲学や心理学をベースに書かれているものが多いのだ。

私が大学時代にハマった某哲学者は、ビジネス書や自己啓発書の有益性とレベルの高さをすこぶる評価していた。

大学教授だった彼は自身でも２００冊以上の著書を出しているし、正真正銘のお金持ちだ。

稼ぐ読書家の金言

NO. 5

シンプルなコピーには人とお金が殺到する。

NO. 6

「小説なんて所詮は作り話だから役に立たない」は、嘘。

小説を頭からバカにする人がいる。

「小説なんて娯楽」

「小説は作り話だから現実逃避だ」

あなたもこんなセリフを聞いたことが一度ならずあるはずだ。

だが優れた小説は人間の心の機微を予習するのにもってこいだ。

あなたにもこんな経験があるだろう。

「あぁ、今のこの状況は映画のあのシーンに似ている」

「お、この場面は昔読んだあの小説にもあったな」

小説は作り話だと見下す人がいるが、現実とはかけ離れた内容では決して売れないものだ。

SF小説や漫画でも、環境設定はともかく、登場人物の心情がまったく理解できないものは作品として成り立たないのだ。

どんな作り話でも著者の人生を通じて想像で書いている以上、人としてあり得そうなことしか本で表現できないのだ。

あり得そうなことしか読者の心を打たないのだ。

私は学生時代から小説もたくさん読んできたが、桐野夏生の本は人間心理の予習と復習ができたと未《いま》だに感謝している。

自分の周囲にいる自分と似たような連中からは学べないことが満載だった。

カミュ、ヘミングウェイ、スタインベック、川端康成、太宰治、村上春樹……とジャンルを問わず手当たり次第に読みまくったが、その経験が私の人間観察力を研ぎ澄ました一助になったのは疑いない。

直接人から学ぶのも大切だが、それは現実的ではない。
なぜなら人は自分と同レベルの人としか出逢えないからだ。
ところが小説であればこれまで出逢ったことのない人物といくらでも出逢える。
しかもその人物がどのように考え、どのように行動するのかまで丁寧に教えてくれる。
本気でお金を稼ぎたければ、人間の研究は不可欠なのだ。

稼ぐ読書家の金言

NO. 6

小説は人間観察力を研ぎ澄ます。

NO. 7

漫画を侮る人は、お金を稼げるようにはなれない。

未だに「漫画なんて……」と平気で口にする人がいる。

日本の漫画は世界的に驚くほど評価されているし、現実に極めてハイレベルだ。

その上、出版業界を牽引しているのは間違いなく漫画なのだ。

講談社、集英社、小学館といった超大手の出版社はいずれも漫画の実績が群を抜いている。

あなたの近所の大型書店に足を運べば一目瞭然だが、漫画のコーナーは他のどのコーナーよりも面積が圧倒的に広いはずだ。

漫画はそれだけ売れに売れているということだ。

出版業界において漫画はドル箱であって、花形中の花形なのだ。

漫画を軽く見る人は、絶対にお金持ちにはなれない。

私の周囲のお金持ちにも漫画大好き人間が揃っている。


極端な話、私は漫画以外の本を読みたくない人は読まなくてもいいと思う。


これは決して諦めだとか開き直りで述べているのではない。

ここ最近は古今東西の名著、ビジネス書や自己啓発書だって続々と漫画化されている。

それだけ漫画を読む人が増えている証拠だし、時代が変化しているのだ。

古いものや要らないものは自然淘汰《とうた》されていくから、漫画というのは残るべくして残っている素晴らしい文化なのだ。


私も漫画から人生を教わった。

漫画のおかげで夢を追いかけることができた。

漫画のおかげで自分の人生をヒーロー気取りで生きてくることができた。

そして何よりも漫画のおかげでお金を稼げるベースを吸収できた。

自分がなぜこれほどまでに躊躇《ちゅうちょ》することなく漫画を買ってしまうのかを振り返るだけで、人は何に対してお金を払いたがるのかを机上の空論ではなく、自分の全身で学べるのだ。

稼ぐ読書家の金言
NO. 7

出版業界を牽引しているのは、漫画。

NO. 8

エリート著者の本を読んで、興奮するだけで終わらない。

昔からエリート著者の本はよく売れてはいたが、今世紀に入ってからより一層売れるようになった。

今はもう旬は過ぎたが「マッキンゼー」「ハーバード」「MBA」がタイトルやオビに入ると、もうそれだけで売上が急上昇する時期もあった。

マッキンゼーで活躍するのもハーバード・ビジネス・スクールを卒業するのも、それなりの才能と努力が求められるから評価されてしかるべきだ。

だが読者も一緒になって評価されると思ったら大間違いだ。

エリート著者の本が好きな読者は概して負けん気が強く、向上心が強い。

そして自分はエリートになれなかったというコンプレックスを抱えていることが多い。そのコンプレックスにつけ込んだ出版社がエリート著者を起用するわけだが、踊らされるだけで終わらないことだ。

こうして本を書くからには私も真実を告白しなければならない。

私は脱サラしたエリート著者たちと複数会ったこともあるし、仕事をしたこともある。

彼らの中にはお金持ちもいるにはいたが、たいていはすっかり稼げなくなっていた。

彼らは新規開拓が大の苦手でサラリーマン時代の顧客から大幅にディスカウントされて、しかも契約が次々に途切れていつもどこか怯《おび》えながら生きていた。

平均するとエリートたちは世間が考えるお金持ちというほどには、決して稼いではいないということだ。

エリートだってお客様がいなければ食べていけないし、人に使われるぺーぺーの身分だとお金持ちには程遠い。

エリートもそうでない人も、似たようなことで悩むし、似たような稼ぎなのだ。

以上を踏まえた上でエリート著者の本を読むと、また違った気づきを得られるだろう。

たとえば未だについエリート著者の本を手に取ってしまう自分を分析してみるといい。

人はよくわからない内容に対してではなく、一瞬でわかる包装紙にお金を払う習性があるという事実に気づかされるはずだ。

どんなビジネスであれ、こうした気づきの蓄積こそがあなたの稼ぎに直結していくのだ。

稼ぐ読書家の金言

NO. 8

人は〝一瞬でわかる包装紙〟にお金を払う。

NO. 9

落ちこぼれ本には、ホラ話が多い。

エリート著者の本に対抗するようによく出されるのが、落ちこぼれ本だ。

ビジネスとしては対極の市場を衝《つ》くという点で、これはこれで評価できる。

私も落ちこぼれ本が好きなので昔からよく読んできたが、エリート著者の本同様に注意が必要である。


落ちこぼれ本のストーリーはとてもシンプルだ。

①自分はこんなにダメ人間だった。
↓
②でもムチャクチャ努力した。 or でもこんな幸運が舞い降りてきた。 or その両方。

↓
③その結果、こんなに成功した。
↓
④さあ、君もやればできる！

まるで小説のように面白おかしく読めるのだが、いざ真似をしようと行動に移すとすぐに挫折する。
①で共感するところまでは大丈夫なのだが、②の努力がどう考えても人間の気力や体力を超越しているか、興ざめするほどの強運の持ち主だったりする。
当然③と④には到達できないわけだ。

「私の努力不足」「この著者はたまたま合わなかっただけ」と思って、次の落ちこぼれ本に手を出すが結果は同じ。

ひたすら①の共感ばかりを繰り返し、②で挫折し続けて自己嫌悪に陥ってしまうのだ。

どうしてあなたに落ちこぼれ本の真似ができないかといえば、あなたの読み方が悪いわけでもあなたの能力不足でもない。

落ちこぼれ本にはホラ話が多いからだ。


嘘は真実がゼロだが、ホラには真実が1％以上混ざっている。

ホラというのはわずかな真実を膨らませて、相手を勘違いさせようとすることだ。

嘘はさすがにアウトだが、ホラならグレーゾーンでセーフというわけだ。


たとえばとんでもない落ちこぼれが猛勉強の末、見事有名大学に入ったという本があったとする。

多くの読者はこれに感動してお金を払うが、まもなくこんな事実が浮き彫りになってくる。

その有名大学には夜間学部があって、夜間学部は普通の学部よりも遥かに難易度が低い。

猛勉強などしなくても簡単に入れてしまうくらいだ。

実際にはその夜間学部にしか合格できなかったのだが、それでは本にならないというので夜間学部であることをあえて伏せてしまえ、というように。

以上はあくまでも架空の話だが、巷《ちまた》に溢れ返る落ちこぼれ本は本質的にはこれとほぼ同じパターンであることが多い。

稼ぐためにはあなたが落ちこぼれ本に感動するのではなく、落ちこぼれ本を俯瞰《ふかん》する側に回ることだ。


人にお金を払ってもらうためには、まず共感を抱いてもらうことがスタートだ。

共感を抱いてもらった相手に対して次に夢と希望を与えれば、人はメロメロになる。

何のことはない、これは宗教の勧誘と同じではないか。

本気で稼ぎたければいつも一段上から物事を俯瞰する癖をつけて、のめり込むのではなく、誰が一番得をしているのかを洞察することだ。

稼ぐ読書家の金言
NO. 9

一段上から俯瞰する癖をつけよう。

NO. 10

スタート地点が自分と同レベルの著者は、狙い目。

あなたが一番稼ぎやすいヒントを提供してくれる著者は誰だろうか。
それはあなたとスタート地点が同レベルの著者だ。

本にはたいてい著者プロフィールが掲載されている。
だから著者プロフィールを見て、あなたとスタート地点が同じかどうかを判断すればいい。

ここで注意しなければならないのは、あなたが〝ちょい勝ち〟と思った場合はたいてい相手の〝ちょい勝ち〟だと考えて間違いないということだ。

あなたが互角と思った場合は、満場一致で相手の勝ちだと考えて間違いない。

あなたが〝ちょい負け〟だと思った場合は、もはや目も当てられないくらいに相手の圧勝だと考えて間違いない。


この辺りの目利きをしっかりした上で、あなたは著者のアドバイスに素直に従えばいい。

スタート地点が似ていれば、ぶつかる壁も似ているし、解決方法も似ていることが多い。

まるで専属の家庭教師がいてくれる状態で、どんどん自分を成長させていくことができる。


しかし私自身の経験からいくと仮にスタート地点が同じでも、途中から成長のスピードが合わなくなることがある。

その場合は無理に合わせようとしないことだ。

著者を変えればいい。

そのために著者は世の中にたくさんいるのだ。

常に自分自身の成長を客観視しながら、それに見合った著者を師匠にすることだ。

もちろんまた元の著者に戻ってくるのもいい。

少なくとも私自身はそうしてきたし、これからもそうし続けるだろう。

稼ぐ読書家の金言

NO. 10

師匠はどんどん変えていい。

NO. 11

具体例が豊富な本は、お買い得。

稼げる本は稼げるタネが豊富な本だ。

稼げるタネとは豊富な具体例のことだ。


具体例があれば、自分自身の経験と照らし合わせることができる。

本を読んでどれだけ感動し、どれだけ人生に活かすことができるのかは、どれだけ自分自身の経験と照らし合わせることができるかで決まるのだ。

だから稼ぐために本を読むのであれば、できるだけ具体例がたくさんある著者の本を読むことだ。


著者の具体例は必ずしも自分と同じ業界である必要はないし、サラリーマンか起業家かも関係ない。

むしろ業界が違ったほうがいいし、立場も違ったほうがいいくらいだ。

業界が違ったほうが新しい光の当て方に気づけるし、立場が違ったほうが見えないものが見えてくるからだ。


業界や立場なんて気にせずに、どんどん具体例に触れておくことだ。


コンサルタントを毛嫌いする人がいるが、コンサルタントならではの視点が必ず発見できるはずだ。

公務員に偏見を持つ人がいるが、公務員ならではの視点が必ず発見できるはずだ。

専業農家なんて自分とは無縁だと思う人がいるが、農家ならではの視点が必ず発見できるはずだ。

換言すれば、抽象論ばかりの理論本は稼ぎには直結しないことが多い。

稼ぐ読書家の金言
NO. 11

具体例が豊富な本を積極的に読む。

NO. 12

コンサル本は、その著者の最初のベストセラーに注目しろ。

コンサル本はとにかくよく売れる。

それだけ稼げる情報や知恵が満載なのだろう。

非常に面白いのは、コンサル本はコンサル本でもサラリーマンコンサルタントの本よりも、組織から独立したコンサルタントの本のほうが売れる傾向にあることだ。

サラリーマンコンサルタントの本は、会社の看板という圧倒的な優位性があるのにどうしてそのネームバリューほどには売れないのか。

私はこれまで何人もの読者や編集者たちにこの質問を投げかけてみたが、回答はほぼ次のひと言に集約された。

「本物なら、いつまでも人に使われて搾取《さくしゅ》されているはずがない」

興味深いのは、独立したコンサルタントの中にも有名な会社の出身者もいればそうでない人もいるが、売れるか売れないかにはあまり関係がないということだ。

コンサル本こそブランドが大切だと思えそうなものだが、想像以上に読者はシビアに内容で判断しているようだ。

さすがである。

私自身もコンサル本はよく読み漁《あさ》り、それらで稼ぎに稼ぎまくってきた。

そんな私に断言できるのは、コンサル本というのはその著者の最初のベストセラーに注目すべきだということだ。

誤解してはならないが、最初のベストセラー以外は役に立たないというわけではない。

最初のベストセラーを読んだ上で、それ以外の本を読んだほうがより理解が深まって稼ぎやすくなるということだ。

コンサルタントに限らず、どんな職業でもごく一部の本物と大量の偽物で構成されている。

ごく一部の本物のコンサルタントは、必ずどこかでベストセラーを一度は叩き出しているものだ。

そして本物のコンサルタントなら、必ず自分の事務所も大繁盛させている。

自分で自分の事務所を繁盛させて、ようやくコンサルタントとして信頼できるのだ。

コンサルタントの評価は学歴や職歴ではなく、100%本人の事務所の業績で判断すべきだ。

稼ぐ読書家の金言
NO. 12

本物は、搾取されたままでは終わらない。

NO. 13

創業社長の本は、苦労話より自慢話に注目しろ。

あなたは創業社長の本が好きだろうか。

創業社長の本が大好きな人は、将来稼げるようになる可能性が極めて高い。

コンサルタントたちが目の色を変えてプロジェクトに関わりたいと思うのは、創業社長と一緒に仕事ができる会社だった。

そのくらい創業社長からは稼ぐために学べることが多かったからだ。

特に一代で東証一部上場企業を築いた人と、一代で年商1000億円企業を築いた人は別格だった。

彼らの何が勉強になったかといえば、苦労話ではない。

率直に申し上げて苦労話は感動的で実に味わい深いが、お金を稼ぐためにはほとんど役に立たない。

創業社長の話で聞くべきは、何といっても自慢話だった。

自慢話には稼ぐコツが満載だ。

彼らの頭脳からは、今すぐ真似ができる知恵が次から次に溢れ出てきたものだ。

おまけに自慢話にひたすら傾聴しておくと、気分を良くした相手からは難なく次の仕事も受注できるという一石二鳥だった。

彼らはよく本も出していたが、本の内容でもまったく同じことが言える。

苦労話にではなく、自慢話にこそ注目するのだ。

創業社長に限らず他人の自慢話を喜んで聞けるようになれば、あなたが成功する日も近い。

自慢話を喜んで聞いてくれる人に、人とお金は殺到するからだ。

稼ぐ読書家の金言

NO. 13

自慢話を喜んで聞ける人間になろう。

NO. 14

成功者たちの本を読んでいるうちに、同僚にいちいち嫉妬しなくなる。

人は誰でも嫉妬する。

これは本能だから仕方がない。
だが本能の赴《おもむ》くままに嫉妬する人生を歩むのは、醜い。

嫉妬をむき出しにしていると、周囲が敵だらけになるし、魅力的に見えないから人もお金も寄り付かない。
嫉妬をゼロにすることは不可能だが、嫉妬を極限まで薄めることは可能だ。

人はどんな相手に嫉妬しやすいかといえば、どこか遠くの成功者に対してではなく、

身近な存在に対してである。

雑誌やテレビで話題沸騰中のどこか遠くのスーパースターの活躍には誰も嫉妬しないが、会社の同僚の活躍には激しく嫉妬する。

これでは毎日が楽しくないし、心身ともに疲労困憊《こんぱい》してしまう。


同僚にいちいち嫉妬しなくなるコツを公開したい。

それはあなたが住んでいる人生のステージを変えることだ。


もちろん最初は妄想で構わない。

今だから正直に告白するが、私はサラリーマン時代に会社の同僚はもちろんのこと、社長にすら嫉妬を感じたことはない。

それは私が住んでいる人生のステージが、本の著者である成功者たちと妄想の上で見事に一致していたからだ。

課長や部長がどんな考え方をするのかなどは、学生時代に読んだ本ですべて予習していた。

現実にもその通りだった。

サラリーマン社長がどんな思考パターンなのかも、学生時代に読んだ本の通りだったので思わず笑ってしまったくらいだ。

これが同僚となると、ライバルとして私の視野には微塵《みじん》も入っていなかった。

人間関係のトラブルのほとんどは、根っこに嫉妬があるからだ。

嫉妬から解放されたければ、本を読んで志を上げておくことだ。

稼ぐ読書家の金言
NO. 14

人生のステージを成功者と一致させる。

NO. 15

著者プロフィールは、ブランディングの教材。

あなたが稼げるようになるには、あなたがブランドになることだ。

これはサラリーマンであっても同じだ。

もちろんサラリーマンが飯を食えるのは、100%会社の看板のおかげである。

いくらおだてられても調子に乗って脱サラすると悲惨なことになるから注意が必要だ。

だが少なくとも「君が担当者でなければならない」と取引先から思っていただけるように、あなたの価値を高めておく必要がある。

それが稼げるようになるということだ。

脱サラしてフリーランサーになれば、もう存在そのものがブランドでなければならない。

サラリーマンのような「寄らば大樹の陰」的な甘えは一切許されない。

誰にとっても自分をブランド化していくことは、稼ぐためには欠かせないのだ。

たいてい本の最後に掲載されている著者プロフィールは、ブランディングの最高の教材だ。

この出版不況の中、出版社も著者も本を少しでも多く売るために、最高の自分を演出しようとしてプロフィールは練りに練っている。

「なぜ本名ではなくペンネームなのか」

「なぜ合成しまくってまで顔写真を掲載するのか」

「なぜ生年月日を伏せているのか」

「なぜ最終学歴を伏せて退職した会社名だけ公開しているのか」

「なぜ学部の大学名ではなく、大学院の大学名しか公開しないのか」

「なぜ異様に学位や資格の多さをアピールするのか」
「なぜこんなにプロフィールが長いのか」
「なぜこの人のプロフィールは名前だけなのか」

数え上げたらきりがないくらい、プロフィールには様々な知恵と工夫が盛り込まれているのだ。

そして著者によってプロフィールが千差万別であるのも面白い。

ちなみに私は現在のプロフィールのオリジナルは、すでに大学時代に完成していた。「転職」「独立」「著書多数」は、すでに大学時代に作成したプロフィールにも登場する。

あなたも様々な著者プロフィールを自分なりに研究・分析しながら、最終的には自分自身のプロフィールを作成してみることだ。

プロフィールを作成していくと、何も書くことがないと気づかされる。

それは最初に誰もが経験することだ。

何も書くことがないということは、あなたの現在のブランド力はゼロだということだ。

まずこの現実を直視することからがブランディングのスタートである。

何も書くことがなくても、あなたの名前が書ける。

何も書くことがなくても、生年月日と出身地が書ける。

何も書くことがなくても、未来完了形の夢なら書くことができる。

冗談ではなく、人は自分が未来完了形で書いたプロフィール通りの人生を歩むのだ。

今日から稼ぐ読書をするために、著者プロフィールと穴が開くほど睨《にら》めっこして、あなたの未来完了形のプロフィール作成の参考にしよう。

そして作成したプロフィールは、時折第三者に見せてブラッシュアップを重ねよう。

稼ぐ読書家の金言
NO. 15

自分のプロフィールに未来完了形の夢を書く。

NO. 16

マルクスの『資本論』は、今すぐ読んでおけ。

あなたがこれから人に使われる立場ではなく、人を使う立場として生きていくつもりなら、マルクスの『資本論』をぜひ読んでおくことだ。

最初にお断りしておくが、結果としてマルクス主義は敗れたし今となっては正統な経済学とは言い難いという主張があることは知っておきたい。

天才の特徴として、どうやら一般の人間の醜《みにく》さや愚かさまでは洞察できないという致命的な欠点があるようだ。

もともと詩人になりたかったマルクスは、つい牧歌的に人間を過大評価してしまい、まさかここまで金と権力に明け暮れる世の中になるとは思いもしなかったのだろう。

2008年に世界を震撼《しんかん》させる引き金となったサブプライム問題にしても、結局は金融工学の天才たちが人間オンチ、世間オンチだったことが災いしたようなものだ。本来は決してお金を貸すべきではない信用取引上〝サブ（下）〟と評価を下されている人々に、不動産を担保にどんどん分不相応なローンを組ませた。

ところが天才たちはその不動産の価値が暴落することまでは考えが及ばず〝サブ〟の人々をさらに奈落の底へ落としてしまった。

もともと働く気もなく、ぐうたらな〝サブ〟の人々にローンの返済能力などあるはずがない。

最終的にはどんなに完璧に見える理論も、大衆の本能や気分には敵わないのだ。

だがマルクスの存在が歴史に大きな影響を与えたのは事実だし、知っていて批判するのと知らずに批判するのとではまるで違う。

だからマルクスに対する批判論もぜひ読んでもらいたいが、そのためにはまずマルクスの思想を知っておかなければならない。

もし難しそうで抵抗があるなら、漫画で読んでおけばいい。

『資本論』を一読すれば、あなたの人生観は一変するはずだ。


なぜ人に使われる立場ではいつまでも稼げるようにはならないのか。

なぜ多くの労働者たちは人に使われる立場のままで甘んじてしまうのか。

これらの本質的な問題を考えさせてくれる。

そしてボーっとしていると、人は必ず使われる立場になって搾取され続けるものだという事実にハッと気づかされるだろう。


大切なことは他人を嘲笑うことではなく、自分がそうならないよう知恵と勇気を出すことである。

幸いなことに、現代はいずれのコースで生きるのかは本人が自由に選べるようになった。

もしあなたが今自由でないというのであれば、それは知恵と勇気を出していないからだ。

稼ぐ読書家の金言

NO. 16

『資本論』を読んで人生を変える。

NO. 17

漫画『カイジ』は、今すぐ読んでおけ。

あなたは、漫画『カイジ』を読んだことがあるだろうか。

もしまだ読んだことがないなら、ぜひ一読しておこう。


たとえば『賭博黙示録カイジ』の冒頭にはこんなシーンが出てくる。

主人公の若者が日々堕落した人生を送っており、ギャンブルで負けた腹いせに高級外車のエンブレムを盗んで回っていた。

アパートを訪ねたサラ金業者の男に、これまで盗んだエンブレムの束が偶然見つかる。


主人公の若者に対してサラ金業者の男がこう言った。

「お前、今、1千万あったらあんな真似するか」

冒頭のこのシーンから『カイジ』の物語は展開されていく。

人間心理とお金の密接な繋がりを、いやらしいほどに何度でも教えてくれる。

『カイジ』の何が面白いかといって、悪役のセリフがすべて正論だということだ。

もちろん登場人物の悪役は、原則すべてお金持ちだ。

お金持ちは運に頼るのではなく、1%でも勝つ確率の高い選択肢に賭ける。

お金持ちは欲望を律して、冷静沈着に物事を判断していく。

まるで自己啓発書のような名言のオンパレードである。

反対に弱者である主人公たちのすべての発言や行動が間違っているのだ。

貧乏はろくに自分の頭で考えることもせず、すぐに運に賭ける。

貧乏は冷静に物事を判断できず、すぐに欲望に負けてしまう。

すべての発言や行動の間違いの結果として、貧しい人生が必然的に定着していくのだ。

お金持ちも貧乏も、すべては習慣だと気づかされるのだ。

『カイジ』を読むと、あなたは今どちらのコースを歩んでいるのかがハッキリと見えてくる。

稼ぐ読書家の金言

NO. 17

お金持ちも貧乏も、すべては習慣。

NO. 18

20年以上増刷を繰り返している成功哲学書は、本物。

私の書斎に取材にやって来た大手ビジネス出版社のインタビュアーから、オフレコでこんな質問をされたことがある。

「ここだけの話、千田さんがコレを読んで実行したら本当にお金持ちになれたっていう本はありましたか」

ビジネス書の出版社ならぬ発言だと思ったが、「正直だな」と私は彼に好感を持った。

そこで「ありますよ」と何冊かテーブルの前に並べて見せたところ、彼は驚いた様子でこう聞き返した。

「え!? 本当にこれを読んでお金持ちになれますか」

私は「お金持ちかどうかはわかりませんが、1億円程度なら絶対に稼げますよ」と伝えたが、彼は笑って信用しなかった。

その日から私はとっくにまた1億円以上稼いだし、彼は相変わらずサラリーマンのままだ。

残念ながら彼はお金持ちにはなれなかったのだ。

もう少し彼がセンスのある人間なら、私が並べた本を見て「これらの共通点でもありますか」といった質問をしてきただろう。

この場を借りて読者には本物の成功哲学書の選び方のコツを公開したい。

それは本の奥付を見て20年以上増刷を繰り返しているようなら、間違いなく本物だということだ。

20年といえば、その間に世界情勢や国内の景気も大きく変化しているはずだ。

20年間増刷を繰り返してきたということは、様々な風雪に耐え抜いたということだ。

根底に流れる本質は変わらないということだ。

稼ぐ読書家の金言
NO.18

根底に流れる本質は変わらない。

幸いなことに20年以上増刷を繰り返している本は、漫画化されていることも多い。ビジネス書のロングセラーをインターネットなどで調べて、**あなたも本物のビジネス書を繰り返し読み、全身の細胞に刷り込んでおくことだ。**

デニス・ウェイトリー、スティーブン・R・コヴィー、マーク・フィッシャーなどの本は、ちゃんと読んで習慣化すれば間違いなく稼げるようになる。すでに稼げる模範解答があちこちに転がっているにもかかわらず、どうしてみんな読んで行動に移さないのか不思議で仕方がない。

NO. 19

長期的に成功したいなら、長期的に成功している著者の本を読む。

あなたが長期的にお金を稼ぐためには、長期的にお金を稼ぎ続けている人から学ばなくてはならない。

一時的にお金を稼ぐのは幸運が舞い込んで来れば誰でも可能だが、長期的にお金を稼ぐのはちゃんとした実力がなければ不可能だ。

著者の中にもドカン！　と一発ベストセラーを出してすぐに消えていく人と、一定数の読者に支持されながら何十年と本を出し続けている人がいる。

ドカン！　と一発ベストセラーを出すのは言ってみれば、宝くじに当たったようなものだ。

ところが何十年と本を出し続けているということは、老舗企業の経営と同じだ。

私は死ぬまで本を出し続けたかったから、それにふさわしい著者の本を貪り読んだ。もう何十年と本を出し続けている著者たちの作品を分析していたところ、ある事実が浮き彫りになってきた。

長期的な視野を持った編集者と仕事をしていたのだ。

ビジネスパートナーと未来を共有化していたのだ。

では長期的な視野を持った編集者とはどんな人だろうか。

それは著者を消耗しない人だ。

短期的な視野を持つ編集者は、とにかく「あれも詰め込んでくれ、これも詰め込んでくれ」と1冊の本にビッシリと情報を詰め込みたがる。

自己満足で完成度が高くても、詰め込み過ぎた本は読むのに疲れるからさっぱり売れないことが多い。

供給者が苦労したほどに、消費者は感謝してくれないものだ。

仮に売れたとしても著者はすでに〝オワコン（ブームが収束したコンテンツ）〟モードだから、あとが続かない。

短期的な視野の編集者はさっさと〝オワコン〟著者を見捨てて、別の著者を新規開拓してまた同じことをひたすら繰り返していく。

結果としてあちこちで著者の寿命を縮めて、巡り巡って出版社や出版業界の寿命を縮めていくことになる。


初期の頃に私を担当してくれた編集者は、「本というのは1冊で完結されているべきです。出し惜しみしてはいけません」と事あるごとに主張していた。

私は様々な業界のコンサルをしていたから、「この考え方は危険だな」とは思ったものの、無名著者だったからその時点ではそのまま素直に従った。

だがその編集者はまもなく左遷されて、あっという間にリストラされた。

この出版不況の中、元気に稼ぎ続けている某出版社の社長は、他社から出した著者の既刊を読んで「第1章を掘り下げて新しい本を一緒に創りましょう」と声をかけたという。

これこそが、典型的な稼ぎ続ける人間の考え方なのだ。

以上は出版業界に限った話ではない。

すべての業界で稼ぎ続けるためには長期的な視野を持たなければならない。

短期的な視野で食い散らかすのではなく、長期的な視野で深く掘り下げていく姿勢が稼ぎ続けていくためには必要なのだ。

規模にはいずれ限界がやってくるが、深さには限界がないのだ。

稼ぐ読書家の金言

NO. 19

長期的な視野で深さを追求しよう。

NO. 20

お金持ち本は、「流行本」と「時流本」に分類する。

お金持ち本には、「流行本」と「時流本」がある。

「流行本」とは、賞味期限が1年以内の本だ。

驚くほど儲かる投資関係の本やネットビジネス手法などの本が流行本に該当する。

「時流本」とは、賞味期限が10年以上の本だ。

成功哲学や人間心理の本質に触れたロングセラーなどの本が時流本に該当する。

ここで私は流行本のレベルが低くて、時流本のレベルが高いという話をしたいのではない。

稼ぐ読書家の金言

NO. 20

「不易流行」の意味をもう一度復習しよう。

稼ぐためには流行本も時流本もどちらも必要だが、自分がどちらの本を読んでいるのかをきちんと分類した上で読み進めることが大切だということだ。

数年前に出された流行本を読んで稼げなくても、とっくに賞味期限が切れているのだから当たり前の話なのだ。

時流本を読んで今すぐに使えるテクニックが掲載されていなくても、そもそも趣旨が違うから当たり前の話なのだ。

不易流行という言葉があるように、世の中には常に変化し続けている部分があると同時に、ずっと変わらない本質もある。

お金を稼ぎ続けるためには、本質を押さえながらも好奇心旺盛に変化を楽しみ続けることが大切なのだ。

NO. 21

ピン！　ときた箇所には、その場で付箋《ふせん》を貼っておく。

読書中にピン！　ときた箇所にラインマーカーで線を引く習慣の人は多い。

かつての私もそうしていた。

ところが最近は付箋をバンバン貼っていくほうが便利だと判断し、習慣を変えた。

付箋のいいところは、本棚から本を取り出した際に一瞬で以前ピン！　ときた箇所にアクセスできることだ。

さらに本棚に並べておいても付箋がたくさん貼っている本は一目瞭然だ。

つまり「どの本があなたにとって気づきが多かったのか」が一瞬でわかるということだ。

再読する際にもまずは付箋の貼ってある箇所だけ読めば、短時間でさっとポイントを掴むことが可能だ。

読書の時間を大幅に削減できる上に、あなただけのポイントが吸収しやすくなるわけだ。

読書の時間を削減できるということは、それだけ思索に耽《ふけ》る時間が増えたりより多く本を読めたりするから、お金を稼げる可能性が高まるということだ。

あなただけのポイントが吸収しやすくなるということは、より効率的に稼げるようになるということだ。

私の場合は再読するたびに付箋はどんどん外していく。

1回目に読んだ際にピン！　ときても、2回目に読んだ際にはピン！　とこなかったということは、自分の中では常識になりつつあるということだ。

だから付箋がゼロになった状態で、その本を消化したことになるわけだ。

たいてい付箋がゼロになった状態で本を処分することにしているが、実際には再び必要になって購入し直すこともある。

最初にバンバン付箋を貼るのも快感だが、再読のたびに貼った付箋を剥《は》がしていく作業は自分がどんどん進化しているようでそれ以上に快感だ。

稼ぐ読書家の金言

NO. 21

付箋を貼る快感、剥がす快感。

NO. 22

あなたにとって読みにくい名著1冊より、あなたにとって読みやすい類似本3冊。

名著は読んでおいたほうがいいが、何度か挑んでダメならダメでいい。

たまに気が向いたら挑戦してみて、ダメなら「また今度」という軽い気持ちで生きることだ。


私にもどうしても肌に合わない名著がいくつもあった。

本当は読みたい名著がどうしても読めない場合、方法はいくらでもある。

私がよくやったのは、その名著周辺の類似本で自分が読みやすいものを3冊ほど購入して読むというものだ。

これは我ながら素晴らしい読書法だと今でも感心している。

類似本を読んでいるうちに、私にとって名著になった本もある。

類似本を読んでいるうちに、ふと気づいたらあれだけ読めなかった名著がスラスラ読めたということもあった。

今なら名著の漫画版も出ているから、躊躇することなくそれを読んでおけばいい。理解できない名著を眠い目をこすりながら文字だけをひたすら追いかけるより、漫画版を読んでさっと概要を把握したほうが間違いなく稼げるようになる。

読みにくい本なんてお客様であるあなたのせいではなく、あなたに理解させられない著者が未熟者だと思うくらいでちょうどいい。

お金を稼ぐということは、お金を尊敬してお金に好かれるということだ。

お金を払う側のあなたが、お金を払ってあげている相手に引け目を感じる必要は毛頭ない。

稼ぐ読書家の金言

NO. 22

あなたに理解させられない著者は未熟者。

NO. 23

読書日記をつけるより、とりあえず試したほうが一発で憶《おぼ》えられる。

本を読むたびに読書日記をつけている人がいる。

自分にとっての気づきを忘れないように書き留めておくのだろう。

それが苦にならず幸せを感じるのであれば、ぜひそのまま継続してもらいたい。

そうではなく読書日記が少しでも苦痛だと思っているのなら、さっさとやめてとりあえず何か1つでも試したほうがいい。

無理して読書日記をつけるより、とりあえず試したほうが一発で憶えられるからだ。

そもそも「忘れないようにしなければ」と意識しなければならないようなことは、あなたにとってたいして重要なことではないのだ。

忘れたくても忘れられないことが、あなたにとって重要なことなのだ。

それでも憶えておきたいことがあれば、どんどん行動に移すに限る。

行動に移せば必ず何らかの結果が出る。

本に書いてあった内容とは違い、痛い目に遭うこともある。

だが本と現実のギャップで痛い目に遭うことこそが、あなたにとって生涯の宝になるのだ。

こうして獲得した生涯の宝が多ければ多いほど、稼げるようになるのは間違いない。

稼ぐ読書家の金言
NO. 23

行動に移せば何らかの結果が出る。

NO. 24

命がけの暴露《ばくろ》本は、最高の情報。

新聞は日刊で、週刊誌は週刊だ。

あなたはこれが当たり前と思っているかもしれないが、情報を市場に発表するまでの時間は極めて重要なのだ。

日刊ということは、毎日が締め切りだということだ。

つまり浅い情報を素早く提供するのが役割になってくる。

週刊ということは、毎週が締め切りだということだ。

つまり新聞よりはやや突っ込んだ情報を毎週提供するのが限界になってくる。

これに対して書籍というのは、たいてい3カ月以上かけて作られるものだ。

著者は執筆するために新聞や週刊誌よりたっぷり時間を確保できるし、出版社の編集者も何度も内容をチェックできる。

スピードを重視させたい場合は新聞や週刊誌がいいが、情報の深さを重視させたい場合は書籍がいい。

特に著者が命をかけた暴露本は、最高の情報源だといえる。

フリージャーナリスト、経済評論家、社会学者などの中には、本当に命が惜しくないのかと思えるような本を出している著者がいる。

世界情勢や政治経済の本質を学ぼうと思ったら、著者が命がけの暴露本を読んでおくことだ。

私は学生時代から故小室直樹氏や長谷川慶太郎氏の本を読むのが好きだった。

彼らの本は嘘や建前がなくて、わかりやすい言葉で世の中の本音を教えてくれたからだ。

現在でも小室直樹氏の影響を受けたとされる言論人の書いた本は本音が多い。

お金を稼ぐためには、綺麗事ではなく世の中の本音を理解しておくことは欠かせない。

稼ぐ読書家の金言
NO. 24

世の中の本音を理解しておく。

NO. 25

出かける際には、必ずペンと本を携帯する。

あなたはいつもペンを携帯しているだろうか。

ペンを携帯していない人は、いつまで経っても稼げるようにはならない。

なぜならアイデアが浮かんでも、一瞬で忘れてしまうからだ。

ペンがあれば、浮かんだアイデアをメモすることができる。

紙がなくてもペンがあれば、掌《てのひら》に書くことができる。

少しでも浮かんだアイデアを漏れなくメモしていれば、必ずあなたは稼げるようになる。

ペンを携帯していないのは、将来の1億円をドブに捨てているようなものなのだ。

さらにせっかくペンを携帯しているのなら、浮かぶアイデアの質を上げたほうがいい。浮かぶアイデアの質を上げる方法は簡単だ。

ペンとともに本を携帯する習慣にすることだ。

本を携帯しておけば、待ち時間や隙間時間にいくらでも時間を潰すことができる。そして多くの場合アイデアというのは、リラックスして適当に開いたページを読んでいるうちにひらめくものだ。

私はすべての仕事を終わらせて時間を持て余すと、よくホテルの喫茶ラウンジに出かける。

その際に必ずペンと本を携帯するのだが、アイデアが溢れてくるものだ。

出がけに適当に選んだ本をめくりながら、隣の席の話を断片的に聞いたり人間観察したりしていると、それらすべてが絶妙なブレンドで脳を活性化させてくれるのだ。

稼ぐ読書家の金言
NO.25

アイデアが浮かんで消えるまでは2秒以内。

アイデアが頭に浮かんで消えるまでの時間はたいてい2秒以内だ。
まるで電光石火の如く猛スピードで過ぎ去っていくが、ペンさえあれば逃さずに済む。
ぜひあなたも今日から出かける際には、ペンと本を携帯してもらいたい。
稼げる人は仮に財布や携帯電話を忘れても、ペンと本だけは忘れないものだ。

NO. 26

枕元には、必ず数本のペンと開いたノートを置いておく。

アイデアが生まれやすい環境で見逃せないのが寝室だ。寝室といえば心身ともにリラックスする場だが、これがまた油断ならない。神様のいたずらなのか設計ミスなのか、アイデアというのはたいていリラックスして肩の力が抜けた瞬間に天から授かるものだ。ウンウン唸っている間はアイデアというのはなかなか出てこないが、忘れかけた頃にポン！　と出てくる。

私の場合は寝入りばなによくアイデアが浮かぶ。嬉しいやら悔しいやら複雑な気分だが、このアイデアが換金されることが多いから諦めてメモするようにしている。

枕元には数本のペンを転がしておいて、開いたノートを置いておくのだ。

そうすれば手を伸ばしただけでいずれかのペンに触れることができるし、開いたノートに暗闇の中でも殴り書きができるというものだ。

あとは夢の中で強烈なアイデアが出てきて思わず目を覚ますことがあるから、その際にもメモを取るようにしている。

朝起きてみると解読するのにひと苦労だが、それでもこれまでのところ何とか記憶を辿りながら思い出せている。

こうしたアイデアが出てくるのにはあるパターンがあって、事前に必死になって脳みそに汗をかいたあとのリラックスした状態なのだ。

だから普段からリラックスしっ放しだときっとアイデアはなかなか出てこない。

普段は読書して思考を巡らせておいた人だけが、リラックスしたらアイデアが溢れてくるのだ。

稼ぐ読書家の金言

NO. 26

悩みそに汗をかいたあとはリラックスしよう。

NO. 27

本棚は、背表紙をすべて眺められるものがいい。

独りブレストをするのにおススメなのが、本棚に並んだ背表紙を眺めることだ。

背表紙はタイトルが読めるようになっているが、それらの言葉のシャワーを浴びているとアイデアが出やすくなる。

だから本棚は、背表紙をすべて眺められる広いスペースのものがいいだろう。

私はこれを自分の書斎の本棚でもよくやるが、書店でもよくやる。

自分の書斎の本棚に並んでいるのは、過去の自分がわざわざ身銭を切って購入した本だ。

つまりそこには自分の本音が並んでいるわけだ。

これまでの自分の人生を振り返ることができるし、自分という人間を改めて直視ができる。

書店の本棚に並んでいるのは、自分がまだ見たこともない本が中心だ。新刊コーナーで流行を掴み、自分がこれまでにまったく興味がなかったコーナーで新しい角度から光を当ててもらう。

本棚を眺めるだけで無限の叡智《えいち》を授かったような気分に浸れるから、私はこれが大好きだ。

稼ぐ読書家の金言
NO. 27

独りブレストで稼ぐ。

サラリーマン時代も独りブレストは好きだったが、独立した今では放っておくとつい独りブレストばかりやっている自分にハッと気づかされる。

独りブレストの合間にこうして執筆しているくらいだ。

これまで独りブレストのおかげで、何億円も稼がせてもらった。

さあ、次はあなたの番だ。

NO. 28

アイデアを出したければ、本棚を眺めてピン！ときた数冊をパラパラめくる。

本棚を眺めているうちに、ピン！　ときたものがあればすぐに手に取ってみることだ。

そして本能に任せてパラパラとめくってみよう。

すると運命の言葉に出逢うのだ。

パラパラとめくったのに運命の言葉に出逢わなかったという人は、もう少しだけ辛抱してパラパラとめくってもらいたい。

必ず「お！」というひと言に出逢うものなのだ。

それはあなたの潜在意識が最初にタイトルと引き寄せ合って、そのタイトルの本の中にはあなたが求めていた出汁の一滴となるキーワードが潜んでいるからなのだ。

あなたが無目的にふらりと書店に足を運んだときのことを思い出してもらいたい。

あれだけ膨大な本の中から自分が欲しいと思った本にわずか数分でアプローチできるのは、不思議だとは思わないだろうか。

本好きな人であれば、書店に入って1分以内で無意識のうちに気づいたら本に触れているはずだ。

それは他の誰でもない、あなた自身がその本を求めているからなのだ。

何となく自分が求めた本からは、何か1つでもメッセージを受け取る習慣にしよう。

その習慣の積み重ねが、これからあなたに無限の富を生み出すのだ。

稼ぐ読書家の金言

NO. 28

運命の言葉に、出逢う。

NO. 29

本棚に難しい本が並んでいる人より、簡単な本が並んでいる人のほうがお金持ち。

私はこれまでに数多くのお金持ちたちの本棚を見せてもらった。

同様に数多くのお金持ちではない人たちの本棚を見せてもらった。

それらの経験を通じてこんな事実に気づかされた。

お金持ちたちの本棚にはどれも読みやすい本が並んでいたということだ。

これに対してお金持ちではない人の本棚には「難しい本」「賢そうな本」「カッコいい本」が並んでいた。

非常に興味深いと思った私は、彼ら彼女らに対して実際に読んだかどうかの質問をそれとなくしてみた。

概してお金持ちたちはすべての本を読んでいたのに対し、お金持ちではない人たちは本をただ飾ってあっただけだ。

お金持ちたちは本棚に並んでいる本に関して自分なりの意見をいくらでも話すのに対して、お金持ちではない人たちは「まだ読んでない」の一点張りだった。

お金持ちたちは買った本を血肉にして、何千倍や何万倍、それ以上に化けさせていたのだ。

お金持ちじゃない人たちは本を部屋のインテリアの一部として割り切っていた。

これはこれでアリだ。

自分のお金で買ったものをどのように扱うかは本人の自由だからである。

だが稼ぐという競技で勝ちたければ、稼いでいる人の真似をしたほうがいい。

私の本棚はといえば、選りすぐりの簡単な本が並べてある。

いずれもそれらの本に関して即興で90分の講演ができるくらいには読み込んでいる。

難しそうな本とエッチな本は秘密の棚に押し込んである。

これまでに出逢ってきたお金持ちたちの本棚の真似をしているだけだ。

私なりの工夫を1つだけ付加したことといえば、書斎を尋ねる人がどんな本が好きそうかを予測して、その本を目立つ場所に立て掛けておくことくらいだ。

稼ぐ読書家の金言
NO.29

稼いでいる人の真似をしよう。

NO. 30

贔屓《ひいき》の著者が発信している情報には、すべて目を通しておく。

あなたにもきっと贔屓の著者がいるだろう。

本好きな人にとって贔屓の著者がいるというのはごく当たり前のことだ。

贔屓の著者がいること自体、人生の幸せの1つなのだ。


せっかく贔屓の著者がいるのなら、その著者をとことんしゃぶり尽くしてしまうことだ。

ブログやメルマガはもちろんのこと、雑誌やネット上でインタビュー記事があればそれらすべてに目を通そう。

機会があれば講演会に参加してみるのもいい。

私は贔屓の著者が本以外で何らかのコンテンツを発信していると、無性に興奮する。

そして著者の魅力はやっぱり本に限るということもわかってくる。

本を1冊完成させるのに注がれる時間やお金は、それ以外の情報源と比べて桁違いだからだ。

ここで私が述べたいのは、最終的に本が一番だから本だけを読んでいればいいということではない。

本の内容をより深く理解するために、本以外の情報に触れておくのだ。

本以外の情報に触れてこそ、本に書かれていた真意が理解できるようになる。

長期的に成功している著者は同じことを別の具体例や手段で何度でも教えてくれる。

どんな著者でも究極は生涯を通じてたった1つのことしか述べていない。

偉人たちの墓碑銘《ぼひめい》に刻まれるのが短いコピーであるように、どんな人生でもたった一言のコピーに集約されるのだ。

だが私たち人間は、そのたった1つのことすらすぐに忘れてしまう未完成な生き物だ。

頭では理解できても、行動には移せない。

行動には移せても、それが習慣にはならない。

たった1つのことをいかに深く掘り続けることができるか――そしてたった1つのことをいかに習慣にしていくか――これが長期的に稼ぎ続けるための方法なのだ。

贔屓の著者をしゃぶり尽くしていくのは、とても楽しいし、幸せなことだ。

稼ぐ読書家の金言

NO. 30

贔屓の著者をしゃぶり尽くす。

NO. 31

新人著者でブレイクする人を予測してみる。

出版と株の世界は似ている部分がある。

新人著者にはブレイクする1％の人と、そのまま消えていく99％の人に分かれる。

せっかく一度はブレイクしたのに、まもなく消えていく著者も多い。

現実には成功し続ける著者はわずかであり、ほとんどの著者たちはそのまま消えていく。

どの世界も同じなのだ。

もしこれからあなたが稼ぐ人生を選ぶのであれば、新人著者でブレイクする人を予測してみると非常に勉強になるだろう。

さらにはブレイク後にも稼ぎ続ける著者を予測してみよう。

誰も知らない新人著者の本を手に取って、あなたなりにこの人はこれからブレイクするか否かを予測してみるのだ。


予測なんていくら外してもいい。

プロである出版社の社員ですら、予測を外しまくって経営難に陥っているのだ。

プロでもないあなたが予測を外したところで、恥でも何でもないのだ。


ただ予測するからには自分なりの仮説を立てて、常に新人著者の誰かに注目しておこう。

50人～100人程度の新人著者で「仮説→検証」を繰り返していけば、かなりの判断材料があなたの中にストックされてくるはずだ。

場合によっては仲間内で意見交換してもいいだろう。

数をこなしているうちに本当にブレイクする著者を当てることもあるし、ブレイク後にも稼ぎ続ける著者を当てることもあるかもしれない。

とりあえずヒントとして目利きの目安を述べておこう。

新人著者でブレイクする人は、概してプロフィールが魅力的なことが多い。

それに加えてブレイクしたあとにも稼ぎ続ける人は、独特の世界観を持っている人が多い。

以上を突破口として、あなた〝ならでは〟の目利きを創り上げて欲しい。

この作業はあなたがこれから稼ぎ続ける強い武器になるはずだ。

稼ぐ読書家の金言
NO. 31

稼ぎ続ける人が持つ〝独特の世界観〟に触れる。

NO. 32

なぜその出版社の勢いがあるかの理由を、30個挙げてみる。

出版業界が不況だといっても、すべての会社の業績が悪いわけではない。

出版業界に限らず、どんな斜陽業界でも元気な会社は存在するものだ。

どんな業界でも、好不況に無関係で稼いでいる会社は稼いでいる。

あなたの本棚を見てみると、背表紙の一番下にはたいてい出版社名が記載されているはずだ。

あなたの本棚にたくさん見られる出版社名はそれだけ勢いがある可能性が高い。

インターネットで各社売上ランキングも調べられるし、従業員数も各社のホームページに掲載されていることが多い。

調べていくうちにすぐに気づかされるのが、従業員数の割に売上が低い会社と高い会社が存在することだ。

しかもその差はいずれも大きい。

ここで注目すべきは、従業員数が少ない割に売上が高い会社であることはいうまでもない。

なぜその出版社は稼げているのかを、コンサルタントになった気分であなたなりに考えてみることだ。

試しに30個の理由を考えてみよう。

どんな幼稚な理由でも30個の理由を挙げるのは、あなたが本気にならないとできない。

私から1つだけヒントを囁いておくと、今世紀に入ってからはルックスの優れた本を作る出版社が元気だ。

カバーデザインが洗練されていなければ、手に取ってすらもらえないのだ。

本人たちがどう思っているかは別として、醜い本をせっせと作っている出版社は最初からスタートラインにすら立っていない。

そして一時的に稼ぐだけで終わらず、あくまでも稼ぎ続けるためには、やはり内容も伴っていなければならない。


これは人間も同じではないだろうか。

20世紀までは内面を問われる時代だったが、今世紀に入ってからは内面のみならず外面も問われるようになってきた。

この時代の流れを掴み、実行に移す力が稼ぐためには求められるのだ。

以上は私がすでに公開してしまったから、今度はあなたが知恵を絞って理由を考える番だ。

稼ぐ読書家の金言
NO. 32

内面も外面も問われる時代に突入している。

NO.33

なぜその書店の勢いがあるかの理由を、30個挙げてみる。

あなたの子どもの頃に近所にあった書店をいくつか思い出してもらいたい。

現在それらのうち半数以上がなくなっているのではないだろうか。

私は書斎の近所で行きつけの書店が3つあったが、この数年で3つのうち2つが消えた。

出版社からは「本が売れなくなった」という愚痴を散々聞かされていたが、日々書店を生で観察していればそれはよくわかる。

ところがそんな書店の中でも元気のあるところとそうでないところがある。

あなたの近所の書店にも、賑わっている店もあれば閑古鳥が鳴いている店もあるだろう。

同じような立地で同じような床面積にもかかわらず、どうして両者には雲泥の差がついてしまうのか。

必ず違いがあるはずだ。

違いがあるから結果に差が生まれるのだ。

小さな違いの積み重ねが大きな稼ぎの差となって顕在化するのだ。

あなたが思いつく理由をとりあえず30個挙げてみることだ。

店員の「いらっしゃいませ」「ありがとうございました」の挨拶はどうだろうか。

あなたが立ち読みしているのを見て、店員はどんな反応をするだろうか。

本の陳列を見ていてどのくらいワクワクさせられるだろうか。

新刊が並べられるスピードはどうだろうか。

店内の照明はどうだろうか。

店内の清潔さやお洒落さはどうだろうか。

店員の休憩時間のビヘイビアはどうだろうか。

以上は私が繁盛店とそうでない店を見ていて気づかされた違いのほんの一部に過ぎない。

実は繁盛店の研究はコンサルタントたちが最初にやる大切な仕事の1つだ。

あなたも本気で稼ぎたければ、繁盛店の研究をとことんやるべきだ。

誰もがわかりやすい違いが真の理由ではなく、誰にも気づかれないような違いこそが真の理由であることが多い。

稼ぐ読書家の金言
NO. 33

誰にも気づかれないような違いを見つける。

NO.34

身近で一番稼いでいる人が贔屓の著者を聞いてみる。

よく目上の相手におススメの本を聞きたがる人がいるが、それよりももっと効果的なのはおススメの著者を聞いてみることだ。

あなたがこれから稼ぎたいのであれば、身近で一番稼いでいる人が贔屓にしている著者を聞き出せばいい。

人の思考を知るには贔屓の著者の作品を知るのが一番の近道なのだ。

たとえそれが小説家や漫画家であっても、「いや、そういうジャンルではなくって……」と口を滑らせてはいけない。

本気で稼ぎたいなら黙って教えてもらった著者の作品をすべて読むことだ。

その上で「全部読んじゃいました。すごく良かったです。よろしければ他に贔屓にしている著者もいますか」と上手に教えを乞うことだ。

現実には小説や漫画にもビジネスのヒントになる知恵は、それこそ山のように溢れている。

どんな本でも大切なことは、稼ぐという目的を持って読むことだ。

稼ぐという目的を持って読めば、官能小説でもギャグ漫画でもすべてが学びになる。

「この官能小説の女性の口説き方は巧い。仕事のクロージングに使える」

「このギャグ漫画の主人公のキャラ設定は巧い。あの社長に試せば好かれるに違いない」

稼ぐために大切なことは、何を読むかより、そこから何に気づくかである。

稼ぐ読書家の金言
NO. 34

何を読むかより、何に気づくか。

NO. 35

成功者たちの推薦本は、そのまま鵜呑みにしない。

よくテレビやラジオ、インターネット上の動画や音声などで、成功者の推薦本が次から次に紹介されるコーナーがある。

健気《けなげ》にそれらを信じてすべての推薦本を買い込み、「よし、これで自分も成功する日は近い」と思っているといずれ痛い目に遭う。

成功するのはその成功者と推薦本の著者だけで、あなたではないのだ。

推薦本の著者と成功者の関係を調べてみると、もともと友だちだったり、これから友だちになって一緒にひと儲けする前ふりだったりと、いろんな実態が見えてくる。

いつも取り巻きなど同じ著者ばかりを紹介しているということは、本を推薦したいのではなく、著書を宣伝してその著者に恩返しをするか、恩を売りたいのである。

さすがに成功者だけあって反響も大きいから、実際に推薦した瞬間は本が売れる。

成功したということはそれだけ力がある証拠であり、自分の思い込みを世の中の模範解答にできるということである。


あなたもこのビジネスモデルを真似したいのであれば、学ぶべきこともたくさんある。

だが成功者の本当の推薦本を期待しているのであれば、そのまま鵜呑みにするのは浅はかというものだ。

成功者たちの本当の推薦本は、実際に親しくなって本音を教えてもらうか、もしくは本棚を見せてもらう以外に方法はないのだ。

稼ぐ読書家の金言
NO. 35

ビジネスモデルを見抜く。

NO.36

書評本は、著者と掲載されている本の利害関係を把握して読む。

稼ぐための本を探すために、書評本を参考にするのはいいことだ。新聞や雑誌の書評も自分では気づかない視点を得られる。

ただし書評本にも注意点がある。

書評本の著者と掲載されている本の著者の利害関係を把握した上で読むことだ。

出版社の社長や編集者たちが書評をする場合には、さりげなく自社の本を何冊か忍ばせるだろう。

少なくとも自社の本を酷評することはない。

出版コンサルタントが書評する場合には、さりげなく自分がプロデュースした本を忍ばせるだろう。

少なくとも自分がプロデュースした本を酷評することはない。

それが人間というものだ。


「そんなこと言っても本当にこの本はおススメだから仕方ないじゃないか！」と言われれば、その通りなのだ。

反論の余地はないのである。

書評に限らず、私が「この人はプロの評論家だな」と一目置くのは、常に孤高を保っている人間である。


やはり何かを評論するためには、どこかの派閥に属していては不可能なのだ。

いつも群がっていてワイワイガヤガヤやっていては、真の書評などできるはずがない。

稼ぐ読書家の金言
NO. 36

プロの評論家は孤高を保つ。

NO. 37

末尾をあやふやに濁す著者より、きちんと言い切る著者の本を読む。

もしあなたが時間を有効に使ってガンガン稼いでいきたいのであれば、言い切ってくれる人と仕事をすることだ。

言い切ることは勇気が求められるが、稼ぐためにはこの勇気がなければお話にならない。

稼ぐために役立つ本もまったく同じだ。

末尾をあやふやに濁す著者の本は、やたらに文章が長い。

「君も正しい。私も正しい。みんなそれぞれ正しい」と書けば、本来一行で終わるところを三行に増やすことができる。

学者の本に「……かもしれないが必ずしもそうとは言い切れない」「……かもしれないし、……かもしれない。今のところ誰にもわからない」といった表現が目立つのは、専門知識が豊富だからではなく、単に自己保身のためである。

実際に末尾を濁す人には人もお金も集まらないから、稼いでいる人は少ない。

私は本を選ぶ際に必ず言い切っているものを選ぶようにしている。


内容が正しいか間違っているかは二の次だ。

まずは勇気ある著者の本に触れたいし、読みたいのだ。

たとえ間違っていてもきちんと言い切ってくれる著者の本を読むと、短時間で読了できて時間の節約になるし、とても清々しい気分になる。

「よし！　やってみよう」と、起ち上がる勇気が漲ってくる。

末尾をあやふやに濁す著者の本を読むと、読み終わるのに膨大な時間がかかる上に結局は何を言いたかったのかがわからないで終わるから、残尿感がこの上なく不快だ。

「うわ～、時間を無駄にしちゃったかな」と、たちまち勇気が萎《しぼ》んでいく。

稼ぐ読書家の金言
NO. 37

言い切る勇気を持つ。

NO. 38

「やっぱり原書を読むべきだ」という正論は、無視していい。

「名著はやっぱり原書で読んだほうがいいよ」

あなたもインテリ連中からこんなことを言われて、プレッシャーをかけられたことはないだろうか。

だがそんな退屈極まりない正論はすべて無視していい。

たとえばあなたがドラッカーに興味を持ったとしよう。

原書に挑む姿勢それ自体は素晴らしいが、1ページ目で挫折しては元も子もない。

それよりは超訳でも漫画でも何でもいいから、今の自分が取っつきやすいものをさっさと読むことだ。

超訳や漫画をとことん読み込んで、実生活に活かしたほうがずっと賢明だ。
実際にそのほうがドラッカーを理解したことになるし、稼ぐ力にも直結する。
そしてあなたが力をつけてから、もし気が向いたら原書に挑めばいいだけの話だ。

ドラッカーに限らず、この調子でニーチェもゲーテも攻略していけばいい。

仮に生涯原書を読まずにあなたの人生が終わったとしても、漫画でも読んでおいたほうが勝ちだ。

稼ぐためには、虚勢を張らないことだ。

稼ぐためには、真の実力をつけることだ。

稼ぐ読書家の金言
NO. 38

カッコつけない。

NO. 39

本を読むスピードは、他人と比べない。

「私は本を読むスピードが遅いのですが、速く読むコツはありますか」

そんな質問がよく届く。

本を速く読むためには、他人といちいち比較しないことだ。

他人といちいち比較していたら、気が散ってそもそも内容が頭に入らなくなる。


人の目が気になるという人は、周囲に人がいない場所で本を読めばいい。

電車の中で本を読む場合も、携帯をいじっている人の傍に座ればいい。

カフェで本を読む場合も、傍で誰も本を読んでいない場所に座ればいい。


自分だけの世界に入り込んで本を読めば、それがあなたにとって最高の読書になる。

本を読むスピードが速い人は、そもそも周囲の目なんて気にしない。本を読むスピードが速いのか遅いのかは、他人に指摘されて初めて気づくものだ。意識した時点で負けなのだ。

もし他人の目を気にしながら猛スピードでページをめくっている人がいたならば、それはきっと好きな女の子にカッコいいところを見せようとしているに違いない。

逆に子ども向けの絵本を何時間もかけて読んでいる大人を図書館で見かけたら、「あの人は有名な作家さんかな」と思われるに違いない。

自分のペースで大好きな本を読み続けていれば、否が応でも速く読めるようになることを約束する。

稼ぐ読書家の金言

NO. 39

ゆっくり読むと、速く読める。

NO. 40

一瞬で理解できないことは、今のあなたには必要ないということ。

「一度聞いてわからないことは、何度でも聞いて理解しなさい」

子どもの頃に学校や両親からよくこう言われなかっただろうか。

基礎学力をつけなければならない義務教育では模範解答だったかもしれないが、社会人になってこのままでは厄介者扱いされるのがオチだ。

冒頭の教えを大人になってからも盲信して、理解できるまで頑《がん》として動かない人が増えている。

「質問が3つあります」

「納得できません」

「根拠は何ですか」


丁寧に説明してあげると、もっと疑問が出てきてますます動けなくなってしまう。

そうなると上司や先輩たちは「こいつはセンスないな」とウンザリして、次第に周囲からは応援されなくなっていく。

結果として成功できない人生で終わるというわけだ。


ハッキリ言って、一瞬で理解できないものは何度説明を受けても理解なんてできない。

それなら、とりあえず理解できないなりにやってみて正々堂々と注意を受けたほうがいい。

とりあえずやってみて、初めて具体的なアドバイスをもらえるのだ。


読書もこれと同じだ。

一瞬で理解できない内容は、何度読み返しても理解なんてできない。

一瞬で理解できた部分のみをとりあえず試してみるのだ。

理解できなかった部分は、今のあなたには必要ないということだ。

一瞬で理解できたことだけをすぐに100個試した人が、稼げるようになっていくのだ。

すべてが理解できるまで何度も読み返してちっとも動かない人は、永遠に貧しいままだ。

稼ぐ読書家の金言

NO. 40

動かなければ永遠に貧しいまま。

NO. 41

本は最後まで読まなければならないのではなく、読んでもいいのだ。

一度読んだ本は最後まで読まなければならないと思い込んでいる人は多い。

そう考えると読書が苦行になるし、そもそも我慢の読書など人生において時間の無駄だ。

本は最後まで読まなければならないのではなく、気が向いたら読んでもいいのだ。

どんなに分厚い本でもピン！　ときたキーワードに出逢ったら、その時点で終了するのも粋な読書だ。

そしてそのピン！　ときたキーワードに対して、あなたが実際にアクションを起こせば完璧に元は取れたことになる。

それが成功しようと失敗しようとそんなことは問題ではないのだ。

今まで動かなかったあなたが動いたということ自体が途轍《とてつ》もない前進なのだ。

実際にアクションを起こせば机上の空論とは違い、必ず何か具体的な発見がある。我慢して本を最後まで読む時間があれば、ピン！　とさた箇所で本を放り投げて動こう。

もちろん、つい最後まで読んでしまったらそれはそれであなたにとって良書だということだから幸運な出逢いに感謝だ。

本を最後まで読まなければならないという固定観念を取り除くだけで、人生の自由時間は一気に増えるのだ。

稼ぐ読書家の金言

NO.41

忙しい人には貧乏な人が多い。

忙しい人には貧乏な人が多いが、お金持ちには自由時間がたっぷりある人が多い。

忙しい人は頭を使う時間が持てないからますます貧しくなるが、お金持ちはゆったりした時間にまた稼ぐ方法をワクワクしながら考えられるからますます富んでいくのだ。

NO. 42

新しい世界の新規開拓には、ネット書店ではなく、大型リアル書店が一番。

もしあなたの人生がマンネリ化して行き詰まったら、人生の幅を拡げることだ。

人生の幅を拡げるためには、新しい世界に触れることだ。


新しい世界に触れるためには、新しい世界の本を読むことだ。

新しい世界の本を読むためには、新しい世界の本に出逢わなければならない。

そのためにはネット書店ではなく、大型リアル書店が一番向いている。

なぜなら膨大な本のタイトルが一斉にあなたの目に飛び込んできて、**少しでも気になった本にその場で直に触れることができるからだ。**


大型リアル書店は休日を1日過ごすにも十分過ぎるほどの蔵書量があり、とても頼りになる存在だ。

圧倒的な蔵書量を誇る大型リアル書店で、あなたがこれまでに一度も立ち止まったことのないコーナーに寄ってみることだ。


「自分にはあり得ない」と思っていたコーナーこそ、幅を拡げるチャンスである。

「お洒落なんて……」と斜に構えていた人は、お洒落コーナーに行ってみることだ。

「占いなんて……」と斜に構えていた人は、占いコーナーに行ってみることだ。

「スポーツなんて……」と斜に構えていた人は、スポーツコーナーに行ってみることだ。

そして虚心坦懐にそれらの本を読んでみることだ。

そこには必ずや新しい発見があるだろう。


稼ぐためには、固い頭が一番の大敵なのだ。

稼ぐ読書家の金言
NO. 42

行き詰まったら大型書店に駆け込む。

NO. 43

食わず嫌いの著者の本には、運命の「ひと言」が潜んでいることが多い。

運命の「ひと言」には、次の二通りの出逢い方がある。

まず、あなたの贔屓の著者の本を読んでいて運命の「ひと言」に出逢う。

これは誰でも日常で経験することであり、あなたもわかりやすいと思う。

次に、特に何も期待していなかった本を読んでいて運命の「ひと言」に出逢う。

実はこれが意外にバカにならないのだ。

たとえば美容室の待ち時間に仕方なしに偶然手にした本で、運命の「ひと言」に出逢う。

あるいは贔屓の著者の新刊を買いに行ったのにまだ売っておらず、仕方なしにその周辺の偶然手にした本で、運命の「ひと言」に出逢う。

いずれも私がこれまで一度ならず経験したことだ。

運命の「ひと言」に出逢ったのを機に、その本の著者を贔屓の著者に追加したこともある。

つまり食わず嫌いをなくすだけで、あなたの人生のチャンスは2倍になるのだ。

食べものと一緒で、本も食わず嫌いをするのは損だ。


一度読んでみて、「あ、これは合わないな」と思うのはいい。

誰にだって好き嫌いはあるのだから、自分に嘘をついてまで無理に本を読まなくてもいい。

だが一度もその著者の本を読んだことがないにもかかわらず、「自分とは合わないに違いない」「きっとつまらないに違いない」と決めつけるのはもったいないのだ。

運命の「ひと言」に出逢ったあの快感だけは、本を読む人間にしか味わえない。

運命の「ひと言」に出逢うたびに、人生のステージが上がって収入もアップしていくのだ。

稼ぐ読書家の金言
NO.43

人生のチャンスを2倍にする。

NO.44

夜の読書で目が冴えてきたら、そのまま夜更かししてもOK！

本は今この瞬間に読むのと、明日読むのとではまるで意味が違う。

私が読書で大切にしているのは、今この瞬間だ。

書店で立ち読みしているときと、買って家に持ち帰ってから読んだときとでは、同じ本でもまるで感じ方が違うはずだ。

本というのはそれを読むタイミングによって、同じ本でもまったく別の本になるのだ。


夜の読書で目が冴えてきたら、そのまま夜更かししてもいい。

目が冴えてきたということは、それはあなたにとって運命の本だということだ。

運命の本でなければ、きっとそのままグウグウ寝てしまうだろう。

今この瞬間の気づきのほうが、明日の仕事よりもずっと大切なのだ。

少なくとも稼ぐ人生を選ぶ人間にとって、今この瞬間の気づきを捨てるわけにはいかない。

私の読書は夜更かしの連続だ。

サラリーマン時代もよく読書したまま朝を迎えて、そのまま出勤していた。

もちろん普段からたっぷりと睡眠を確保していたからこそだが、読書したまま朝を迎えた当日は興奮したままずっと目が冴え切っていたものだ。

猛スピードでバリバリ仕事ができた。

「また明日でいいや」と眠くもないのに妥協して寝ていたら、もう二度と今この瞬間と同じテンションでその本を読むことはできないだろう。

今この瞬間の大切さを理解できる人間こそが、稼ぐことができるのだ。

稼ぐ読書家の金言

NO. 44

今この瞬間の気づきを大切にする。

NO.45

全身に電流が走ったページは、丸ごと破って手帳にはさんでおく。

実際に私がやってみて、「これは素晴らしい！」と心底感激したことがある。

それは全身に電流が走ったページを、丸ごと破って手帳にはさんでおくことだ。

学生時代から現在に至るまでこれをやっているが、本を破るというタブーへの挑戦が妙な快感になってきてハマる。

最近の私は手帳を持たないから、財布にはさんでおくことが多い。

これは昔あるジャーナリストの自伝で、英単語を憶えるために英和辞典で憶えたページを丸ごと破って食べてしまったというエピソードを読んだのがきっかけになっている。

影響を受けやすい私は早速彼の真似をして本を破って躊躇することなく口に入れてみたが、あまりに不味くてどうしても飲み込めなかった記憶がある。
もしあなたも挑戦したくなったら、ぜひ自己責任でお願いしたい。

私の場合は誠に勝手ながら、真似をするのは本を破るところまでにとどめた。
するとこれまで神聖だと思っていた本が、ただの道具であると割り切ることができた。

全身に電流が走ったページを破って常に携帯することにより、何かの拍子にそれを見ると、言葉では表現できないような勇気が体の芯から湧いてきた。
破ったページを何回も見ているうちに、まるで自分の細胞に刷り込まれていくようだ。

稼ぐ読書家の金言

NO. 45

本を破るタブーに挑戦する。

NO. 46

本に対する最高の愛とは、中古で売れないくらいボロボロに使い倒すこと。

汚さないように本を綺麗に扱うのが本に対する愛情だと信じて疑わない人がいる。
だが著者の私から言わせてもらうと、自分の書いた本が綺麗に扱われているよりも、中古で売れないくらいにボロボロに使い倒されていたほうがずっと嬉しい。

インタビューを受ける際も、インタビュアーが持参した私の本がボロボロになっていると、「今日はとっておきの話をしよう」とサービス精神が旺盛になる。

私自身にもかれこれ10年以上にわたって読み返している愛読書が何冊かあるが、いずれも中古で売れないくらいにボロボロに使い倒している。
だが私の中ではお金では買えない貴重品だ。

ボロボロに使い倒していくと、何がどこに書いてあるのかが瞬時にわかる。

頭でわかるのではなく、指で記憶しているイメージだ。

まるで自分の身体の一部のように、誤差にして数ページ以内で求めている言葉に辿り着く。

ここまでくると、あなたにとって〝なくてはならない存在〟だろう。

生涯でここまで愛情を注いだ本に何冊出逢うことができるかが、あなたの人生の価値ではないだろうか。

結果としてボロボロに使い倒した本は、直接的にも間接的にもあなたの富を築いてくれるものだ。

稼ぐ読書家の金言
NO. 46

お金では買えない貴重品に育て上げる。

NO. 47

100冊単位で人脈は入れ替わり、年収がアップしていく。

「ぶっちゃけると、いったい何冊読めば私の年収はアップするのですか」

最近、こんな質問が届いた。

目に見えて年収がアップするのは100冊単位だ。

ただしその場合の100冊は、あなたがあなたの土俵で稼ぐことに完全にフォーカスされた本でなければならない。

恋愛小説やライトノベルを読むのは構わないが、カウントはできない。

たとえばあなたが完全歩合制の会社で、うだつの上がらないセールスパーソンだとする。

とりあえずセールスに関する本を10冊ほど読むと、まず考え方と顔つきが変わる。これまでのように言い訳をしなくなるし、売れない原因はすべて自分にあるという意識が芽生え始める。

そして実際に本で読んだ内容を行動に移しながら30冊に到達したところで、少しずつだが目に見える結果が出始める。

だがまだ安定はしていない。

この調子でトライ&エラーをひたすら繰り返しながら100冊に到達するまでには、確実に年収に反映されていることだろう。

そしてうだつの上がらない同僚とは、以前のような会話が噛み合わなくなっているはずだ。

100冊単位で人脈は入れ替わって、年収がアップしていくのだ。

次のステージとして、あなたはセールスマネージャーへの道を歩み始めるかもしれない。

その場合もマネージャー向けの本を100冊読んでトライ&エラーをひたすら繰り返せば、人脈は入れ替わり年収がアップしていく。

セールスマネージャーでは飽き足らず、独立して会社を立ち上げるかもしれない。その場合も経営者向けの本を100冊読んでトライ&エラーをひたすら繰り返せば、人脈は入れ替わり年収がアップしていく。

最後にお断りしておくが、先に挙げた恋愛小説やライトノベルなども読んでおいたほうが、将来奥行きのあるお金持ちになれるのは間違いない。

稼ぐ読書家の金言

NO. 47

つべこべ言わず、100冊読む。

NO. 48

現在20代なら30代向け、平社員なら管理職向けの本を予習しておく。

「まだ私は20代なので、30代向けの本は早いと思って読んでいませんでした」

これまで多くの読者からこんな声が届いた。

もったいない話である。

20代だからこそ、30代向けの本を読んで予習したほうがいいのだ。

それどころか40代向けや50代向けの本をどんどん読み進めておいたほうがお得だ。

平社員なら課長向けの本はもちろんのこと、部長向けの本を読んでおくくらいでちょうどいい。

私の大学時代には30代向け、40代向けはもちろんのこと、老後の世界や死後の世界まで本を読み進めていたものだ。

大型書店に置いてある管理職向けの本はほぼ制覇して、経営者向けの本はもちろんのこと、大富豪がリタイアしたあとの慈善活動の本にハマっていた。

だから新卒で入社した会社ではタイムスリップして昔に戻ったようで、しばらくとても懐かしい気分に浸っていたものだ。


社会人生活がスタートしてから私に降りかかってくるすべての課題が、大学時代に読んだ本の内容に遡《さかのぼ》りそれらと見事に一致したからだ。

当時は保険業界全体が疲弊《ひへい》して全社揃って毎年業績が落ち込み続けて、どんよりした重い空気が漂っていた。

ノルマが達成できず胃潰瘍になるほど悩み抜いていた課長に対して、「おい、元気出せよ」と肩をポンと叩いて声をかけたくなる衝動に何度も駆られた。

強面の営業本部長だった常務取締役がよく怒鳴り散らしていたが、「おい、寿命が縮むぞ」と何度も抱き締めそうになった。


これは決して冗談で言っているのではない。

まだ名もなく貧しい頃から本を読んで人生の予習をしておくと、上司や先輩の気持ちが痛いほどよくわかるのだ。

だから私は新入社員の頃から同僚と群れて、上司や先輩、会社の愚痴で盛り上がった記憶は皆無だ。

新入社員の頃から私の意識は完全にアンドリュー・カーネギーだったから、課長はもちろん、常務も私の愛する部下だったのだ。

妄想が現実に近づいたのかその後転職したコンサル会社の最後には、保険会社本体の社長、副社長、専務と席を並べて白熱した議論を交わしていた。

読書は底知れぬ力を秘めているのだ。

反対に30代こそ20代の本を読み、40代こそ20代や30代の本を読むことだ。

課長こそ平社員の本を読み、部長こそ平社員や課長の本を読むことだ。

私はここ最近、お子様向けの本にハマっている。

予習に加えて復習もしておけば、あなたの人生は鬼に金棒というものだ。

稼ぐ読書家の金言

NO. 48

予習と復習で、鬼に金棒。

NO. 49

年下の著者の本は、意外な発見が多い。

私はよく書店で人間観察をする。

男性によく見られがちだが、プロフィールで年齢を確認して自分より年下だったら露骨に見下し、「チッ」と舌打ちして本を放り投げるように戻す人がいる。

これはサラリーマンに多く見られる傾向だ。

「こんな若造、うちの会社だったら俺の部下じゃないか！」

「うちの息子と同い年のくせにこんな偉そうな本を書きやがって……」

実際にそう口に出さずとも、顔にそう書いてある。

私もサラリーマン経験があるから、そんな気持ちは痛いほどよくわかる。

だが騙されたと思って、一度でいいから年下の著者が書いた本を読んでみよう。

そこには意外な発見があるはずだ。


30歳を過ぎたらもう年齢なんて関係なく、凄いヤツは凄いという事実に気づかされる。

天才的な能力はもちろんのこと、高い人格まで備えている若者は確実にいるのだ。


同時に世代の違う人たちの考え方や常識に触れることができる。

「へぇ～、こんな考え方もアリか」

「これは思いつかないな」

そう感じる間は、あなたは年齢に関係なく永遠の若者だ。


稼ぎ続ける人の本棚は、自分より年下の著者の本の比率が高い。


あなたが30代なら、本棚の10％を年下の著者で占めるのを目標にしてもいい。

あなたが40代なら、本棚の30％を年下の著者で占めるのを目標にしてもいい。

稼ぐ読書家の金言

NO. 49

師匠を年齢で判断しない。

あなたが50代なら、本棚の50%を年下の著者で占めるのを目標にしてもいい。

年下の師匠を持てないということは、最初からあなたが稼げるチャンスを半分にしているようなものだ。

年上からも学ぶことは多いが、年下から学ぶことも多い。

師匠をいちいち年齢で判断しなくなったら、あなたは確実に稼げるようになっている。

NO. 50

「本→挑戦→対話」の∞サイクルが、成功の秘訣。

読書がお金に換金されるためには3つの要素が必要だ。

「本」と「挑戦」と「人」である。

「本」に関してはすでに世の中に膨大な数が溢れ返っているから問題ではない。
大切なのは「挑戦」と「人」だ。

「挑戦」とは本を読んでピン！　ときたことを実際に試すことである。
幸いなことに、私たちは最初の「挑戦」はほぼ失敗するようにできている。
まず本で読んだ通りにはならない。

本には「こう口説け」と書いてあったが、実際に試してみたらたいてい痛い目に遭うものだ。

それでいいのだ。

なぜなら今までグズグズして一歩も動き出せなかった臆病者が、一歩踏み出せたからだ。

勇気を振り絞って一歩踏み出すと、そこには無限の課題が山のように襲い掛かってくる。


山のように襲い掛かってきた課題を解決するために、今度は「人」と対話する。

「人」とは、両親でも、友人でも、上司でも、同僚でも、偶然出逢った一度限りの人でも、あるいは自分自身でも、誰だっていい。

必ず「挑戦」したことによって授かった貴重な課題を、「人」と対話して共有することだ。

すると「本」をちゃんと読めていなかったことに気づかされる。

付箋を貼る箇所を見落としていたことに気づかされる。
あるいは別の「本」との出逢いが訪れることもある。
そして再び「挑戦」するのだ。

この「本→挑戦→対話」の∞サイクルを、どれだけあなたの人生で繰り返すことができるか。

それがあなたの成功を決定する。

あなたが成功できないのは、「本」「挑戦」「対話」のいずれかが欠けているだけなのだ。

本質というのは、いつも呆れるほどにシンプルなのだ。

稼ぐ読書家の金言
NO. 50

本質はいつも呆れるほどにシンプル。

■千田琢哉著作リスト（2015年4月現在）

〈アイバス出版〉

『一生トップで駆け抜けつづけるために20代で身につけたい勉強の技法』

『一生イノベーションを起こしつづけるビジネスパーソンになるために20代で身につけたい読書の技法』

『1日に10冊の本を読み3日で1冊の本を書く ボクのインプット&アウトプット法』

『お金の9割は意欲とセンスだ』

〈あさ出版〉

『この悲惨な世の中でくじけないために20代で大切にしたい80のこと』

『30代で逆転する人、失速する人』

『君にはもうそんなことをしている時間は残されていない』

『あの人と一緒にいられる時間はもうそんなに長くない』

『印税で1億円稼ぐ』

『年収1000万円に届く人、届かない人、超える人』

『いつだってマンガが人生の教科書だった』

〈朝日新聞出版〉
『仕事の答えは、すべて「童話」が教えてくれる。』
〈海竜社〉
『本音でシンプルに生きる！』
『誰よりもたくさん挑み、誰よりもたくさん負けろ！』

〈学研パブリッシング〉
『たった2分で凹みから立ち直る本』
『たった2分で、決断できる。』
『たった2分で、やる気を上げる本。』
『たった2分で、道は開ける。』
『たった2分で、自分を変える本。』
『たった2分で、自分を磨く。』
『たった2分で、夢を叶える本。』
『たった2分で、怒りを乗り越える本。』
『たった2分で、自信を手に入れる本。』
『私たちの人生の目的は終わりなき成長である』
『たった2分で、勇気を取り戻す本。』
『今日が、人生最後の日だったら。』
〈KADOKAWA〉
『君の眠れる才能を呼び覚ます50の習慣』

〈かんき出版〉
『死ぬまで仕事に困らないために20代で出逢っておきたい100の言葉』
『人生を最高に楽しむために20代で使ってはいけない100の言葉』
DVD『20代につけておかなければいけない力』
『20代で群れから抜け出すために顰蹙を買っても口にしておきたい100の言葉』
『20代の心構えが奇跡を生む【CD付き】』

〈きこ書房〉
『20代で伸びる人、沈む人』
『伸びる30代は、20代の頃より叱られる』
『仕事で悩んでいるあなたへ　経営コンサルタントから50の回答』

〈技術評論社〉
『顧客が倍増する魔法のハガキ術』

〈KKベストセラーズ〉
『20代　仕事に躓いた時に読む本』

〈廣済堂出版〉
『はじめて部下ができたときに読む本』
『「今」を変えるためにできること』
『「特別な人」と出逢うために』
『「不自由」からの脱出』

『もし君が、そのことについて悩んでいるのなら』

『その「ひと言」は、言ってはいけない』

〈実務教育出版〉

『ヒツジで終わる習慣、ライオンに変わる決断』

〈秀和システム〉

『将来の希望ゼロでもチカラがみなぎってくる63の気づき』

〈新日本保険新聞社〉

『勝つ保険代理店は、ここが違う！』

〈すばる舎〉

『断れる20代になりなさい！』

『今から、ふたりで「5年後のキミ」について話をしよう。』

『「どうせ変われない」とあなたが思うのは、「ありのままの自分」を受け容れたくないからだ』

〈星海社〉

『「やめること」からはじめなさい』

『「あたりまえ」からはじめなさい』

『「デキるふり」からはじめなさい』

〈青春出版社〉

『リーダーになる前に20代でインストールしておきたい大切な70のこと』

〈総合法令出版〉
『20代のうちに知っておきたい お金のルール38』
『筋トレをする人は、なぜ、仕事で結果を出せるのか？』
『お金を稼ぐ人は、なぜ、筋トレをしているのか？』
〈ソフトバンク クリエイティブ〉
『人生でいちばん差がつく20代に気づいておきたいたった1つのこと』
『本物の自信を手に入れるシンプルな生き方を教えよう。』
〈ダイヤモンド社〉
『出世の教科書』
〈大和書房〉
『「我慢」と「成功」の法則』
『20代のうちに会っておくべき35人のひと』
『30代で頭角を現す69の習慣』
〈宝島社〉
『死ぬまで悔いのない生き方をする45の言葉』
【共著】『20代でやっておきたい50の習慣』
『結局、仕事は気くばり』
『仕事がつらい時 元気になれる100の言葉』
『本を読んだ人だけがどんな時代も生き抜くことができる』

『本を読んだ人だけがどんな時代も稼ぐことができる』
『1秒で差がつく仕事の心得』
『仕事で「もうダメだ！」と思ったら最後に読む本』
〈ディスカヴァー・トゥエンティワン〉
『転職1年目の仕事術』
〈徳間書店〉
『一度、手に入れたら一生モノの幸運をつかむ50の習慣』
『想いがかなう、話し方』
『君は、奇跡を起こす準備ができているか。』
〈永岡書店〉
『就活で君を光らせる84の言葉』
〈ナナ・コーポレート・コミュニケーション〉
『15歳からはじめる成功哲学』
〈日本実業出版社〉
『「あなたから保険に入りたい」とお客様が殺到する保険代理店』
『社長！この「直言」が聴けますか？』
『こんなコンサルタントが会社をダメにする！』
『20代の勉強力で人生の伸びしろは決まる』
『人生で大切なことは、すべて「書店」で買える。』

『ギリギリまで動けない君の背中を押す言葉』
『あなたが落ちぶれたとき手を差しのべてくれる人は、友人ではない。』
〈日本文芸社〉
『何となく20代を過ごしてしまった人が30代で変わるための100の言葉』
〈ぱる出版〉
『学校で教わらなかった20代の辞書』
『教科書に載っていなかった20代の哲学』
『30代から輝きたい人が、20代で身につけておきたい「大人の流儀」』
『不器用でも愛される「自分ブランド」を磨く50の言葉』
『人生って、それに早く気づいた者勝ちなんだ!』
『挫折を乗り越えた人だけが口癖にする言葉』
『常識を破る勇気が道をひらく』
『読書をお金に換える技術』
〈PHP研究所〉
『「その他大勢のダメ社員」にならないために20代で知っておきたい100の言葉』
『もう一度会いたくなる人の仕事術』
『その人脈づくりをやめなさい』
『好きなことだけして生きていけ』
『お金と人を引き寄せる50の法則』

『人と比べないで生きていけ』

〈マネジメント社〉

『継続的に売れるセールスパーソンの行動特性88』

『存続社長と潰す社長』

『尊敬される保険代理店』

〈三笠書房〉

『「大学時代」自分のために絶対やっておきたいこと』

『人は、恋愛でこそ磨かれる』

『仕事は好かれた分だけ、お金になる。』

『1万人との対話でわかった 人生が変わる100の口ぐせ』

千田琢哉（せんだ・たくや）

文筆家。

愛知県犬山市生まれ、岐阜県各務原市育ち。

東北大学教育学部教育学科卒。日系損害保険会社本部、大手経営コンサルティング会社勤務を経て独立。コンサルティング会社では多くの業種業界における大型プロジェクトのリーダーとして戦略策定からその実行支援に至るまで陣頭指揮を執る。

のべ3,300人のエグゼクティブと10,000人を超えるビジネスパーソンたちとの対話によって得た事実とそこで培った知恵を活かし、“タブーへの挑戦で、次代を創る”を自らのミッションとして執筆活動を行っている。

著書は本書で103冊目。

E-mail：info@senda-takuya.com
ホームページ：http://www.senda-takuya.com/

読書《どくしょ》をお金《かね》に換《か》える技術《ぎじゅつ》

2015年4月23日　初版発行

著　者　千　田　琢　哉
発行者　常　塚　嘉　明
発行所　株式会社　ぱる出版

〒160-0011　東京都新宿区若葉1-9-16
03(3353)2835 ― 代表　03(3353)2826 ― FAX
03(3353)3679 ― 編集
振替　東京 00100-3-131586
印刷・製本　㈱ワコープラネット

ISBN978-4-8272-0932-7 C0034